푸른 솔 층층마다

푸른 솔 층층마다 이튼시인선 **150**

사공 환 시집

이든북

시인의 말

자네도 팔십만 돼보소. 어느 선배가 해주던 말이 생각난다
가는 세월 먹고 보니 조금은 알 것 같다
백세시대 노인은 팔십부터란 말이 있듯이
몸 따로 맘 따로 마음은 청춘이요 몸은 늙은이라
톱니바퀴 이가 맞지 않아 어긋나기가 일쑤이고
생각도 무뎌지고 행동의 제약을 받는다
세월은 나도 모르게 점점 안개 속으로 밀어넣고 있다
경험해보지 못한 노년의 세월,
 가고 싶으면 가고 먹고 싶으면 먹고 자고 싶으면 자고 아무런 간섭도 받지 않는 맘 내키는 대로 다 할 수 있다는데~

 이 시집이 마지막이 되지 않길 바라는 마음 또한 욕심일까?

2024년 늦은 가을
사공 환

| 차 례 |

시인의 말　5

제1부

꿈의 행복　13
뭉게구름　14
봄이 오는 소리　15
매화　16
3월의 변덕쟁이　17
목련　18
못다 핀 여린 잎새　19
아카시아꽃 필 무렵　20
7월과 8월　22
모과　23
방울토마토　24
참외와 토마토의 대화　26
갈대　28
박넝쿨　30
은행나무거리　31
솔방울　32
은빛 머리카락　34
겨울에 핀 장미　35

제2부

보또랑 39
미꾸라지 40
뒤통수 41
시내버스 정류장의 아침 42
난 바람을 보았어요 43
방아깨비 44
양은냄비 46
왕거미 48
떨켜 층 49
돌담 모퉁이 작은 점방 50
지나가는 비 51
옥상에선 청국장이 끓고 있다 52
초승달과 그믐달 54
수돗물 소리 55
황사 56
손지갑 58
빨간 양철지붕 60
구름과 바람 62
시계 초침은 언제나 64
겨울의 문턱에서 65
화천군 사창리의 추억 66

제3부

양심　71
나는 아파트로 출근한다　72
어깨춤 산행　74
봄 여자 가을 남자　75
단감 따러 가던 날　76
해지는 언덕　78
노른자위　80
TV 앞에 이 여자　82
엄마의 무거운 머리　83
할머니　84
5+5=9+1　85
연못가에서　86
둘이서 함께라면　88
헤어질 사랑은 이젠 그만　90
나른한 오후　91
삼 식이　92
시집밑천　94
후회　95
그나마 다행　96
할아버이 이야기　98
할아버지의 겨울나기　100

제4부

꼰대 세대 젊은 세대 103
소리 없는 전쟁 104
즐거워야 할 설날이 106
오천 원의 양심 108
마음에 거울 110
마음만은 남달랐네 112
저수지 114
늦가을 산하 116
낙엽 밟는 소리 118
어르신들의 말싸움 119
가을빛 그리움 120
겨울 낭만 122
겨울 연가 124
인생 8부 능선 126
인생무상 128
거짓말 같은 현실 130
여기까지 왔는데 132
지금 134
그러려니 136
하얀 세상 137
행복한 나라로 138
조국을 위하여 140

제1부

꿈의 행복

눈을 떴을 땐
빙긋이 미소를 짓고 있었다
별들도 잠든 새벽

생글생글
해맑은 소녀가 가슴에 달아준
한 송이 카네이션
건강하게 오래오래 사세요
사랑합니다

초롱초롱한 눈빛으로
또박또박 웃음 띤 그 한마디
벅찬 가슴 가눌 수 없어
양어깨
살며시 감싸 주었다

긴 머리 휘날리며
폴짝폴짝 뛰어가는 뒷모습
잊지 못할 꿈의 행복

뭉게구름

옥양목 치마폭에
품은 아기엄마 앞가슴처럼
포근하다

솜사탕처럼 달콤하진 않아도
목화솜 같은
보송보송한 얼굴

마음 둘 곳 없어
두둥실 남실바람 타고
임 찾아가는가 보다

목련처럼 가녀린
티끌 하나 넘볼 수 없는
하얀 도화지

임 찾아가는가 보다

봄이 오는 소리

살얼음 밑으로 흐르는 소리
묵은 때 벗기는 소리
묵은 때가 녹아 묵은 때를 벗기며
흘러가는 소리

동구 밖 모퉁이
매화나무는 몸단장하느라 바쁘고
담장 너머 대추나무엔
만신창이 꼬리연이 너부러지고

고춧대 뽑힌 자리엔
성급한 아낙이
눈 녹은 밭고랑을 서성거리고
까만 비닐봉지엔 냉이가 한 줌

귀밑머리 흩날리며
움츠러드는 아낙의 어깨에
봄은 아직도 저만치서 꼼지락거리고
비닐봉지에선 봄 내음이 솔솔

매화

더는 참을 수 없어
묵은 때 벗기고
속살 드러내며 미소짓는 얼굴

부르트도록 꽁꽁 언 마디마디 손끝마다
곱게도 피어났구나

얼마나 떨어야 할까?
아직도 雪寒인데
고운 입술 부르틀까 걱정이다

산전수전 모진 풍파
눈보라에 피어난 고귀한 자태
옹골차고 강인함

누구도
감히 흉내 내지 못할
그래서
봄의 전령사라 부르나 보다

3월의 변덕쟁이

춘삼월 끝자락
기쁨 주고 사랑받고 싶어
터질 것 같은 꽃망울

왕벚나무 아래 오가는 눈동자는 아쉬움의 눈빛
심술부리는 저 녀석
3월의 변덕쟁이

필까 말까
망설임은 내 맘대로 아니 되고
애타는 부푼 가슴

햇살이 반겨주고
훈풍 불어오면
오가는 눈빛이 반짝입니다

목련

뽀얀 소복 단장한 가녀린 여인이여
짙은 분 바르고 사내마음 유혹하는 여인이여
샛바람 살며시 휘어잡고 춤추는 여인이여
선녀처럼 날개옷에 훨훨 나는 여인이여

목이 아프도록 쳐다만 보아도 행복한 여인이여
그토록 빼어난 미모에도 흔들리지 않는 여인이여
비바람에도 그윽한 자태 뽐내는 여인이여
아침 햇살에 더욱 성숙해진 여인이여

세찬 비바람 불던 오후
소복 날개 흩뿌리며 눈물짓는 처량한 여인이여
소복 날개 비바람 흙탕물에 주저앉아
검정 눈물 쏟아내며 흐느끼는 여인이여

바라만 보아도 행복했던 여인이여
꿈에라도 다시 보고 싶은 여인이여
화려했던 그윽한 자태 기억 속에 맴돌고
사로잡던 사내발길 돌아서는 서글픈 여인이여

못다 핀 여린 잎새

잎새 하나 떨어진다
비좁은 도랑물 따라
돌멩이 살짝살짝 넘나들며 떠내려간다

풀 섶을 빠져나와
큰 돌 옆을 돌아서자
낭떠러지로 혼비백산

빙빙 도는 물결 따라
이러지도 저러지도
수많은 잎새 중에 왜 저만 외톨일까

모진 겨울 움츠리고
새봄 맞은 기쁨에
넉넉한 잎새 되어 그늘 주려 하였건만

엄마 젖을 못 먹었나
딱정벌레가 물어뜯었나
가엾은 여린 잎새

아카시아꽃 필 무렵

송홧가루
자동차 지붕을 노랗게 물들이고 나면
아카시아 꽃향기가
솔바람 타고 솔~솔 코를 스친다

향기 따라 보문산에 오르면
하얀 눈 꽃송이가
하늘에 주렁주렁 매달리고
달콤한 향기가 가슴을 헤집고 들어 온다

아카시아 꽃 한 움큼 입에 물고
우적우적 씹어 먹던 옛 생각이 난다
그땐 철철이 먹을 게 많았지

봄이면 진달래꽃
여름이면 산딸기
가을이면 보리 똥 열매
겨울이면 긴긴밤 감자 고구마 구워 먹었지

다시 태어나면 산에서 살고 싶다
산은 인생과 같아
온갖 시련을 겪으며 살아가지
그래서 산은 서로 공생하는가 봐
언젠가 종소리 울리면
나 또한 산으로 가겠지

7월과 8월

푸르름과
무더위가
사각 링에 올랐네요

무더위
펀치에
맥 못 추는 푸르름

푸르름도
만만찮은 펀치인데

홍수환처럼
사전오기 있잖아요

마파람 불고
서산에 노을 지면

모과

천덕꾸러기들
저 잘났다고
도란도란 어깨 맞대고 앉아 있다
생김생김
망나니처럼 제멋대로 살아온 삶에 흔적
눈 마주칠 때마다
생각나는 그 사람

울퉁불퉁 생긴 모과
짱구 머리 수학 선생님 생각나고

달걀처럼 갸름 모과
얌 생이 미술 선생님 생각나고

삐딱하게 생긴 모과
아구통 국어 선생님 생각난다

뻐드렁니에 익살스런 못난이 인형처럼
황금 옷에 향수 뿌리고
능글맞게 앉아 있다

방울토마토

제 몸뚱이 하나
가누지 못하는 나약한 몸
긴 막대기에 빌붙어 살아가는
방울토마토

층층마다 주렁주렁 지원군 박아놓고
곁가지에 새순
머리 불쑥 내밀었더니
단칼에 내려친다

층층이 세 과시하며
북치고 장구치고 내로남불
똘똘 뭉쳐 방어하네

외줄 머린 친형제
틈새 머린 사촌
하늘 무서운 줄 모르는 오만방자함

파벌 심한

부정한 삶을
똑같이 누리고 있구나

참외와 토마토의 대화

노란 참외가 바닥에 누워
파란 양산 쓰고 땀 흘리고 있다
불볕더위 참아가며 소낙비도 맞아보고
은하수 별빛 바라보며
밤새 몰래몰래 노랑 물들였지

빨간 토마토가 긴 막대기에 빌붙어
수줍은 듯 얼굴을 붉히고 있다
고운 햇살 받아먹으며 몽실몽실 살찌우고
은하수 별빛 바라보며
밤새 몰래몰래 빨강 물들였지

비가 오면 오는 대로 더우면 더운 대로
목마르면 이슬 받아먹고
자연과 함께 주는 대로 살았지

그늘에 돗자리 깔고
은박지 접시에 설겅설겅 썰어놓고
날카로운 꼬챙이로 꾹 찍어

나불대는 입속으로 쏙 밀어 넣으면
우린,
이제 한세상 다 살았지

갈대

귀엣말 속삭이듯
사각사각 정겨운 음악 소리
거친 살결 보듬는 소리
연주자는 갈바람

취한 듯 쓰러질 듯
지난밤 태풍에도
끄떡없이 버티고 서있는 가냘픈 몸
허리 무릎 통뼈라나

받쳐주고 안아주는
뜻 모아 한 몸 된 언약
미워도 고와도
얽히고설킨 한배를 탄 이웃사촌들

마디마디 옹골찬 마음
은빛 머리 앙상한 뼈
세월 따라 모두 늙어버렸구나

할퀴고 잘려나간 뜰에도
언제나 봄은 오듯이
허리 굽혀 굽신거리지 않는
파란 눈이 움트고 있다

박넝쿨

여린 손마디가
외줄 타는 장마당 곡예사처럼
타고난 재주를 가졌구나

은하수 축복 속에
맑은 이슬 받아먹으며
줄타기하고 있구나

초가지붕엔
초록 물결 넘실대고
하얀 목화솜 같은 꽃송이가 여기저기 만발하면

어느새
움푹 파인 초가지붕엔
둥근달이 마당을 환하게 비추고

여린 손마디는
용마루에서
기쁨에 춤을 추고 있다

은행나무거리

주렁주렁 걸어놓은
노란 손수건
부는 바람 품어 안고 손 흔들고 있다

황금 융단 깔아놓고
사뿐사뿐 밟고 오면
황금 옷에 황금 모자 씌워주고
두 팔 벌려 반겨주네

언제든지 오소서
미움도 노여움도 용서할 수 있는
멀리서 바라만 봐도
행복을 느끼는

천사 같은 미소로 화해의 손길 이어주는
한 아름 손수건
눈부시게 흔들고 있다

솔방울

푸른 솔 층층마다
각인된 삶의 세월이
저 솔방울에 알알이 박혀있을 거야

가로지른 가지에
두 줄 그네 매어놓고
옷자락 휘날리면
층층마다 춤바람 났었지

푸른 솔 그늘에
거적때기 깔고 누워
사이사이 눈부신 파란 하늘 쳐다보며
부푼 꿈 설레었지

전원주택 꿈꾸다가
문지방 높은 벽에 부딪치고
꿈은 꿈으로 끝났지만
지금은 이대로가 좋다

꿈 주고 희망 주고

언제나 지켜봐 주던 솔

돗자리 깔고 누워

솔방울이 뭐라 할까 듣고 싶다

은빛 머리카락

노을빛 햇살 받으며
벤치에 앉아 있는 모습은
한 폭의 수채화였소

은빛 머리카락
두 손으로 쓸어올리니
가을 햇살에 나부끼는 억새꽃처럼
나풀나풀 춤을 추었소

감미로운 운율 타고
곱게 익어가는 얼굴엔
보름달 같은
오곡백과 가득 담긴 은쟁반 같았소

황홀한
석양의 노을빛처럼
아름답게 익어가는 그대
사랑합니다

겨울에 핀 장미

허접한 울타리에
자그마한 장미꽃 한 송이
꼬마 인형처럼
앙증맞게 앉아 있다

따사로운 햇살 두고
왜
찬바람 택했을까

흐드러진 손마디마다
고만고만 자식들 줄줄이 다 떠나보내고
몹시도 허전했나 보다

해맑던 볼우물 다시 보고파
있는 힘 기를 쓰고
막내 하나 얻었다네

제2부

보또랑

풀잎 속삭이며
밀물처럼 좁다란 길 누비면서
위 논 아래 논
해갈시켜주는 보또랑

싸리나무 삼태기로
송사리 참붕어
휘저어 잡던 보또랑

내리 물결 웅덩이엔
소금쟁이 물방개 어울려 춤추고
미꾸라지 훼방 놓던 보또랑

누런 황금들판
눈도장 찍고 나면
넓은 세상 길 터주는
통 큰 보또랑

미꾸라지

아름답고
순수한 우리말이다

삼키면 달다 하고
뱉으면 놈이라 한다

목구멍과 혀는 이웃사촌인데
먹을 때와 말할 때가
왜 이리 다를까?

메뉴판엔
메기탕 쏘가리탕만 있구나

당당하게
미꾸라지탕 추어 같은
놈이라
부르면 어떨까?

뒤통수

까까머리에
주먹만큼 튀어나온 뒤통수
짱구라고 놀렸다

뒤통수가 큰아이는 대개
공부도 잘했다

수학 공식 영어단어
뒤통수에 따로 저장했는가 보다

요즘은
머리카락 뒤덮여
뒤통수가 있는지 없는지 알 수가 없다

난,
뒤통수가 없는데
동업하자던 그놈으로부터
뒤통수를 맞았다

시내버스 정류장의 아침

보따리 들고
헐레벌떡 뛰어와
떠나가는 버스 아쉬워하는 사람
고개 돌려
발 동동 굴리며
눈 빠지게 기다리는 사람
가방 메고
의자에 앉아
핸드폰 만지작거리는 사람
약속이라도 한 듯
때맞춘 버스
잽싸게 올라타는 사람

신호 정지에
백여 미터 길게 멈춰있는 자동차들
졸았는지
신호 떨어진 줄 모르고
꼼짝 않고 서 있는 자동차
뒤에선 연실 빵빵

난 바람을 보았어요

은행잎이 나풀나풀 춤을 추네요
민들레 솜털 머리가 간지럽대요
이건 남실바람이래요

풀잎이 쓰러질 듯
나뭇가지가 서로 삿대질을 하네요
이건 세찬 바람이래요

비닐하우스가 날아가고
나뭇가지가 부러지고 뽑히기도 하지요
이건 태풍이라 하네요

난
은행잎이 나풀거리고
풀잎이 쓰러지는 바람을 보았어요

바람은
느낌으로만 볼 수 있대요

방아깨비

삶의 고달픔 안고
뒤안길로 사라진 디딜방아
방아 찧는 너를 보니
울 엄마
무릎관절 이제야 알겠구나

오솔길 걸으며
노랫소리 장단 맞춰 방아 찧고 나면
길옆 보금자리로
살며시 보내주었지

어쩌다
성질 급한 못된 놈 만나면
다리 하나 부러뜨리고
절뚝거리며 찧을 때도 있었다

더 못된 놈은
두 다리 모두 부러뜨리고
내동댕이쳤단다

타고난 팔자 어쩔 수 없다만

성화가 빗발치면

살살 시늉만 내거라

양은냄비

황금빛처럼
부뚜막을 환하게 비추던 누런 양은냄비
불두덩이 올라타고
고난의 시작임을 직감했을 거야

시집올 때부터
하인 부려먹듯
이리저리 마구잡이 손놀림에
상처투성이
한눈팔다 숯검정 덮어씌워 온몸은 만신창이 되고

김치찌개 눌어붙어
사정없이 긁어대는 숟가락
뜨거운 물 뒤집어쓰고
살점 떨어져 나가듯 강제로 밀어대는 철 수세미
용케도 참아냈다

세월 앞에 장사 없다고 했던가
못나니 모과처럼 천덕꾸러기로 내몰린

숯검정 틈새로
어렴풋이 비치는 누런 황금빛

어디로 갔나 알고 보니
대문간에 졸고 있는 누렁이가 지꺼라고
두 발로 감싸고 있다

왕거미

먼저 공격하지 않는다
위장 전술에 능하고
매복작전에 승부수를 거는 유능한 장수다

한 치의 오차도 없이
마디마디 혼 다 쏟아붓고
기약도 없이 기다려야 하는 인내심 또한 강하다

본 적도 배운 적도 없는
엄마의 강인한 유전자를 닮은
타고난 본능일까

위장망에 걸려들면
포승줄로 꽁꽁 묶어 작전마다
백전백승이다

얼기설기 찢어진 위장망
요리조리 얽어매고 또 얼마나 기다려야 할까
기약 없는 매복작전

떨켜 층

높은 하늘 갈바람 불면
노랗게 물든 이파리
빨갛게 물든 이파리
서로 시샘하며 뽐내고 있다

가냘픈 이파리는
불지도 않는 바람에도 힘없이 떨어지고
꽈배기처럼 생긴 이파리
구멍 숭숭 뚫린 이파리
바람결에 우수수 곤두박질하고

싱싱했던 이파리
화려했던 이파리
나비처럼 나풀나풀 날갯짓하고

그늘에 가려
살짝살짝 햇살 훔쳐보던 이파리가
떨켜 층 움켜잡고
보란 듯이 매달려있다

돌담 모퉁이 작은 점방

골목길 들어서자
상큼한 바람이 양 볼을 스친다
돌담 넘어온 대추나무 가지가
주렁주렁 손 마주 닿네

모퉁이 돌아서면
나지막한 평상 하나
막걸리 소주 작은 점방 마주친다

일손 마친 농부
바짓가랑이 걷어 올린 채 평상에 걸터앉아
막걸리 한잔
양 볼엔 검붉은 행복한 미소

저만치
털털거리며 달려오는 경운기 소리
일손 마친 남정네들
짠~
오늘 하루 마무리 행사란다

지나가는 비

마른하늘에 날벼락
텁텁한 흙내음 피어오르는
한낮에 무법자

반짝이며 튀어 오르는 피라미 바라보다
쏟아지는 빗줄기에 그만

바람이 장난쳤나
구름이 장난쳤나
언제 그랬냐는 듯 햇살이 한바탕 웃고 있다

멍석에 널어놓은
빨간 고추가 물탱이 되고
축 늘어진 잎새들은 흙탕물 범벅

한 치 앞도 못 보는
자연의 섭리에 따라가는 우리네 인생
지나가는 비가 좋기도 하고
나쁘기도 하고

옥상에선 청국장이 끓고 있다

한 계단 한 계단
새벽 운동 조심조심 오른다
해 오름 전
산봉우리에 걸친 하늘엔 황금빛 불꽃놀이 수놓고
새벽찬 공기 마시며
힘차게 걷고 있는 심장은 요동치고 있다

시야에 들어오는 아파트마다
드문드문 창문으로 새어 나오는 불빛
새벽잠 설치고
아침 준비를 하고 있는가 보다

라인마다 우뚝 솟은 굴뚝에선
풍향 따라 돌아가는 팬이 쉬지 않고 돌고 있다
청국장 끓는 냄새도 따라 돌고 있다

올라올 때마다 이 굴뚝
아니면 저 굴뚝
어떤 날은 저쪽 귀퉁이에서 끓고 있다

내려올 때쯤 되면
청국장 한 그릇 먹은 기분

드디어 산봉우리 밀치고 솟아오르는 함성
가슴에 기운 받고
조심조심 계단을 내려온다
청국장 냄새도 따라

초승달과 그믐달

입가에 미소 짓고
윙크하지 마
저마다 좋아하는 줄 알잖아

저것 봐
조무래기별들이 수다 떨고 있잖아
구름 속으로 살짝 숨어봐

하루가 멀다고
풍선처럼 부풀어 오르는 환한 얼굴
갈수록 복스럽구나

부러움의
희망을 주는 너는 초승달
눈물지며
사그라지는 나는 그믐달

수돗물 소리

무더운 여름밤
똑. 똑. 똑.
수돗물 떨어지는 소리
마누라 잔소리 같은 짜증 나는 소리
아까워 헛돈 나가는 소리
시끄러워 잠 못 이루는 소리
마지못해 벌떡
애꿎은 숨통 틀어막고
잠 뒤척뒤척

강추위 겨울밤
똑. 똑. 똑.
수돗물 떨어지는 소리
엄마 품에 아기 토닥토닥 잠재우는 소리
돈 나가도 아까워 않는 소리
장단 맞춰 자장가 부르는 소리
먼동 틀 때까지 이어지는
똑. 똑. 똑.
꿈속의 멜로디

황사

바람마저 짓궂은
뿌연 분가루가 흩날리던 날
가늠할 수 없는 실눈 뜨고
빨라지는 발걸음

하양 검정 마스크에
눈만 빼꼼
꼭 다문 입술에
콧구멍은 버거운 숨결로 실룩거리고

만날 시간 아직 남아
피하고 싶은 마음에
내키지 않는 편의점으로 몸을 감춘다

한낮의 태양은
희미한 등잔불처럼 빛을 잃고
뿌옇게 안개 낀
창문 밖으로 서성이는 그림자들

고마움도 잊은 채 지나온
보이지 않는 맑은 공기
눈부셔 쳐다볼 수 없던 밝은 햇살
매일매일
감사했어야 할 그날들

손지갑

안 주머니에 숨어있던 악어 지갑
짠돌이인지
배때기가 불러서인지 여간해선 입을 벌리지 않는다
여기저기 휘젓고 다니다가
만만한 놈 나타나면 그때 벌린다

뒷주머니에 반쯤 걸린 악어 지갑
나갈 듯 말 듯 뭉그적거리다가
밖으로 튀어나와 붙잡힐 때도 있고
행방을 모르는 낯선 주머니에서 헤매다가
쓰레기통에 처박혀있을 때도 있다

캄캄한 가방 속에 갇혀있던 놈은
세상 물정 모르고 잠자다가
스트레스 먹고 하마 입 벌리면
세종대왕 신사임당 신바람 나 덩실덩실 춤추고
남는 건 빈 껍데기

허울 좋은 악어 지갑

으스대며 목에 힘주지만 별로더라
예쁜 꽃 수놓은 분홍지갑
손끝에 매달리고 옆구리에 끼고 다녀도 부담 없는
아줌마 같은 손지갑이 좋더라

빨간 양철지붕

어김없이 찾아온 불볕더위는
빨갛게 달아오른 삼겹살 숯불처럼
온 집안을 들끓게 했다

잿빛 구름 몰려오면
한바탕 콩 볶는 소리 요란하고
돌개바람 몰아치면
파고드는 쓰라림 머리를 아프게 했다

시원한 갈바람 불어오면
늘어진 밤나무 가지마다 포문을 열고
마구 두드리고 있다

시도 때도 없이 탱글탱글 울려 퍼지는 난타 소리
새벽잠 설치면
난장판이 된 앞마당 뒷마당엔
외눈박이 발가벗고 나뒹굴고 있다

난타 소리 멀어지면

을씨년스런 앙상한 가지마다
쓸쓸한 추억 매달아 놓고

동지섣달 긴긴밤
시달렸던 오랜 격정 잠시나마 편히 자라고
양철지붕 위엔
소복이 쌓인 솜이불이 덮여 있다

구름과 바람

목화솜처럼 보송보송 뭉게구름
한자리에 서있자니 너무 지루해
남실바람 타고 구경 다녔지

아빠 구름 만나면 응석 부리고
엄마 구름 만나면 가슴 파고들었지
엄마 품에 잠든 사이
엄마는 먼먼 세상으로 가셨단다

저만치
또래 친구 반기면서 따라오네
엄마 잃은 슬픔 잠시
앞서거니 뒤서거니 이름이 뭐니 어디서 왔니?

갑자기 세찬 바람 불어와
어디로 곤두박질쳤는지
이름도 모른 채 갈라섰다

목화솜 같던 모습은 짙은 회색으로 변하더니

눈물을 방울방울 떨어뜨리다가
끝내 울음을 터뜨렸단다

아~
알 수 없는 바람
눈물마저 휘젓고 가는구나

시계 초침은 언제나

결승선도 없이
트랙을 돌고 있는 빼빼 마른 아저씨
혼잣말 중얼거리며
쉬지 않고 달리고 있다

눈치만 보고 있던
장대 같은 키다리 아저씨가 한발 한발
감싸주며 뒤따른다

그림자에 숨어있던
짤막하고 뚱뚱한 아저씨가 야릇한 미소지며
본색을 드러낸다

제멋대로 결승선 그어놓고
새치기로 우승한
짤막하고 뚱뚱한 아저씨가 얄밉다

빼빼 마른 아저씨는 언제나
꼴찌
11시 59분 59초

겨울의 문턱에서

푸르던 산하는
화려함도 잠시
침묵의 길목에서 서성거리고

빛바랜 나뭇잎은
겹겹이
길목에 내려 눕고

틈새로 들어오던 햇살도
그렁그렁
마음도 따라 눕는다

계곡물 소리
스치는 바람 소리
을씨년스럽고

서릿발 같은
긴긴 침묵의 길은 시작되고
발걸음마저 무겁다

화천군 사창리의 추억

큰아들 첫돌 되던 해
이불 보따리 그릇 냄비 수저 몇 개
꼬불꼬불 하늘만 빼꼼
중대장 보직 받고
사창리 가는 길은 멀기만 했다

흙먼지 날리는 신작로 옆
허름한 초가집
문지방 아래 부엌 달린 작은방 하나
호롱불 켜고 밤은 깊어만 갔다

가로지른 신작로 옆엔
거울처럼 맑은 시냇물
마시고 세수하고 빨래도 하고
여름밤엔 목욕도 했었다

한여름 모기떼 극성
큰아들 옆엔 항상 부채가 춤을 추었고
한겨울 연탄불에 의지하고

문 틈새로 스며드는
냉기를 견뎌내야만 했다

유행하던 월남치마 두른 아내는
자동차 바퀴 먼지 마시며
큰아들 등에 업고 시장 보러 다녔다

자전거 페달 밟으며
신나게 출퇴근하던 다음 해 어느 날
허리디스크로 병원 신세
군 생활 희망 무너져 퇴원 한 달 후
전역 신청을 하였다

군 생활 모두 접고
오던 길 뒤로하고 고향으로 가는 길은
기쁨 반 걱정 반이었다

제3부

양심

분홍조끼 걸친 반려견
눈동자 내리깔고 요리조리 살피다가
자리 잡고 응가한다

목줄 잡고 쳐다보던
미니스커트 아가씨
휴지 가지고 올게요 하면서 그냥 간다

준비를 못 했는가 보다

서너 시간 지나서 돌아오는 길
열 받은 백화점 앞 보도블록은 따끈따끈

구두일까 운동화일까?

뒤꿈치 따라간 흔적
왕파리 서너 마리가 쟁탈전하고 있다

나는 아파트로 출근한다

별들도 잠든 새벽
눈비에 젖은 은행잎이
나풀나풀 춤추며 머리를 스친다

엘리베이터 마다하고
계단 뚜벅뚜벅 걸으면
장딴지 허벅지 일석이조 걷기운동

훈훈한 지하철역
첫차 승객 이마엔 세월이 묻어난다
눈은 지그시 귀는 열고
역마다 내리고 타는 사람들

저만치 불빛 사이로 눈 마주치면
매일 보는 반가운 인사
어서 오세요
수고했습니다

가방 메고

지하철로 걸어가는 뒷모습
젊은이 못지않은 가벼운 발걸음
나이는 칠십 대
중년이라 불러주소

어깨춤 산행

윗마을 지나 그리 높지 않은 산
소복이 쌓인 함박눈

뽀드득뽀드득
오솔길 눈 밟는 소리
저벅저벅
자갈길 눈 밟는 소리

콩나물 대가리 빠른 곡으로 오선지에 붙여
흥얼거려 본다

뽀드득뽀드득 저벅저벅
뽀드득뽀드득 저벅저벅

어깨춤 내리막길 성큼성큼 내딛는 발걸음
신바람 나게 흥얼거린다

뽀드득뽀드득 저벅저벅
뽀드득뽀드득 저벅저벅

봄 여자 가을 남자

꽃망울처럼 터질 듯 가슴이 설렙니다
진달래꽃 만발하면 오신다던 그 사람
애타는 가슴 알고나 있을까요
달빛 창가에 기대어 살포시 안아주던 그 모습 그려봅니다

아~
잊으셨나요? 돌아섰나요
진달래꽃은 만발했는데

서늘한 실바람에 가슴이 시려웁니다
은행잎 곱게 물들면 오신다던 그 사람
허전한 마음 알고나 있을까요
귀뚜라미 울음소리 애잔한 소리 가슴이 저며옵니다

아~
잊으셨나요? 돌아섰나요
은행잎은 곱게 물들었는데

단감 따러 가던 날

감나무에서 떨어지면 큰일 난대요
신신당부하는 아내의 말
감나무 약하다는 말 누구한테 들은 모양이다
단풍놀이 눈요기하며 달리는
고속도로는 여유로웠다

텃밭 가장자리 단감나무 두 그루
도란도란 둘러앉은 보름달 같은 달덩이들
잎새마다 생글생글 웃고 있다

살며시 휘어잡는 감칠맛은
가슴 가득 주체할 수 없는 희열
한 망태기 따서
멍석에 주르르 붓고
또 따서 붓고 또 따서 붙고
이마에 땀방울보다 엔돌핀이 더 많이 흐른다

입꼬리 귀에 걸고
갔던 길 뒤로하고

승용차 내부를 환하게 밝혀주는 달덩이들
추억을 만들어준
부여 친구의 부름이 고맙다

해지는 언덕

언덕 위에 하늘은
오색물감 수놓고
반쯤 걸린 지는 해를 바라보며 달렸다
어디로 숨어드나 하고

진달래꽃
오디 열매 따 먹으며
잔디밭에 뒹굴고 뛰어놀던 언덕은
즐거운 놀이터였다

찬 바람불면
실타래 풀어 방패연 날리고
논바닥 꽁꽁 얼면
앉은뱅이 썰매 타다
얼음 논에 빠져 모닥불에 양말 태웠지

동심의 추억은
필름처럼 돌아가는데
눈앞에 모습은

흔적도 없이 지워버렸네

즐거웠던 놀이터는 아파트가 차지하고
미역감던 시냇물은
발아래 흐르고 있네

노른자위

학교 다녀오면
소 풀 베고 소죽 끓이고
모내기 끝내면
등짐 지게 볏단 나르고
겨울이면
땔감 나무 실어날랐지

아버지는
긴 지겟다리를 키에 맞게 잘라주시고
이건 네 거야 하셨다

직업군인에
농사일은 접었지만
직장에서 열심히
가장으로 충실히

나이 칠십이 넘어 어느 날
아내는
나에게 이렇게 말한다

시집와서 몇 달 후
아버님께서 하시는 말씀
둘째는 노른자위야

TV 앞에 이 여자

네이버 창을 열고
마우스 키가 움직임에 따라
눈동자는 왔다 갔다

느닷없이 방문 틈새로
깔깔대는 웃음소리
해맑은 웃음소리에 덩달아 미소짓는다

마우스 키를 밀어놓고
문틈 새로 눈알 박고 내다보니
쌍놈에 새끼 나쁜 놈 그러다가 또 깔깔대며 웃는다

북 치고 장구치고
일인 다역 연출하는
TV 앞에 이 여자

헐렁한 고무줄 바지에 두 다리 쭉 뻗고
무사태평
훔쳐보는 눈이 즐겁다

엄마의 무거운 머리

새벽잠 설치고
해거름에 따놓은 오이 호박
한 광주리 머리에 이고 뒤뚱뒤뚱 장터로

아침밥 아궁이 불 지피는 할머니
솥뚜껑 눈물 쏟아내며
보리밥 익어가는 소리

아침상 차릴 때 대문 들어서는 엄마 얼굴엔
땀방울에
빈 광주리가 무거워 보인다

학교 월사금 꼬깃꼬깃 새벽 돈 반듯이 펴서
책가방 깊숙이 넣어주시던
울 엄마

양 무릎 짓누르는 무거운 머리
얼마나 힘드셨을까?
마냥 눈시울이 뜨겁다

할머니

정갈하게 빗은
은빛 머리카락
은비녀 쪽지로 야무지게 틀어쥐고

백옥같은 치마저고리에
하얀 고무신
허리춤엔 노리개 쌈지가 덜렁덜렁

뒷짐 지고
이것저것 참견하시는
허리 굽은 칠 남매 할머니

내 손은 약손
내 손은 약손
주름진 손바닥으로 배꼽을 쓰다듬어주시던
우리 할머니

곱게 백수하시고
여섯 해를 더 사시다가 가신
장수 할머니

5+5=9+1

다섯 손가락과
다섯 손가락은
부부가 된 지 오래였다

열 손가락은
서로 비비고 어루만지며
사랑을 나누었지

양 손가락 불끈 쥐면
두려울 게 없더니만
모두 펴니 평화롭고 여유롭구나

어쩌다
한 손가락이 삐끗했네
나머지 손가락은 서로 위로하며 어루만져주네

한 손가락은
하늘을 향해 힘차게
날갯짓을 펴고 있다

*친구 병원 치료 중

연못가에서

먹다 남은 보리밥 한술
휙 뿌리면
참붕어 피라미 떼 물보라치고
게으른 놈
뻐끔뻐끔 입만 다신다

엉겨 붙은 물잠자리 한 쌍
너울너울 춤추며
앉을까 말까
물 버들 실가지가 유혹하네

저 아랜
파란 하늘 뭉게구름이 한가롭게 유영하고
미루나무 옆
낯익은 사내가 올려다보고 있다

젊은 시절 그 처녀
어디서 살고 있는지
뜬금없이 생각난다

저 녀석 빙긋이 웃으며 올려다보고 있다

지나가던 비둘기 한 마리
퐁당 똥 싸고 날아간다

동그라미 주름살 내게로 다가와
구름처럼
강물처럼 흘러가라 하네
낯익은 사내가
멍하니 올려다보고 있다

둘이서 함께라면

이보다 더 가까울 순 없습니다
둘이서 함께라면 어디라도 좋습니다
손잡지 않아도
어깨 스치지 않아도 늘 옆에만 있으면 행복합니다
무거운 짐 짊어지고 짓눌려도
둘이서 함께라면 이겨낼 겁니다

고향길 선물꾸러미에 웃음소리도
사랑하는 연인들의 속삭임도
영영 돌아오지 못할 이별의 아픔도
모두 다 받아드리겠습니다

떠나고 나면 아쉬움만 남아
멍하니 하늘만 쳐다보다가
뜨겁게 달궈진 어깨가 식기도 전에
또 짊어져야 하는 우리 사이

그렇지만
철조망이 가로막혀 무거운 어깨엔 침묵만 흐르고

고향길 웃음소리도
연인들의 속삭임도
이별의 아픔도 느낄 수 없는
녹 슬은 어깨가 안쓰럽습니다

헤어질 사랑은 이젠 그만

외로움과 쓸쓸함
눈뜨면 멍하니 허공만 쳐다보고
먼 산만 바라보았지

어느 날
아름다운 천사 눈앞에 서 있네
총총한 눈빛으로 바라보았지

천사는 내 손을 살며시 잡아주었네
뜨거운 가슴으로 안아주었지
우린,
눈빛으로 사랑을 느꼈네

외로움이여
쓸쓸함이여

우리에게 언제 그런 날이 있었던가요?
이젠 먼 옛날얘기예요
우린,
영원한 사랑만 있을 거예요

나른한 오후

숨통이 탁 트인다
출렁이는 파도 위론 끼룩끼룩 갈매기 날고
백사장엔 몽실몽실 작은 봉우리들이 여유롭고

수영복 아닌
트렁크 팬티 입은 사내가 바닷물로 뛰어든다

팔다리 몇 번에 허우적허우적 꼴깍꼴깍
짭짤한 소금물이 코로 입으로
깜짝 놀라 젖혀진 머리 곤두세우며 눈을 번쩍 뜬다

나른한 오후 소파에 기댄 채
TV에선 아직도
짜증 나는 정치 얘기만 떠들어대고 있다

초점 잃은 눈동자엔
백사장 작은 봉우리들이 아른거린다

삼 식이

늙었다는 건
생각이 무뎌지는 혼미한 나이
'십 년만 젊었어도' 하고 아쉬워하는 나이
왕년의 허풍 쏟아내는 나이
물건 가지러 왔다가
왜 왔는지 서성거리는 나이
할멈 잔소리에 대들지 못하는 나이
언짢은 얘기 들으면
소갈머리 밴댕이 토라지는 나이
손자들 보면 어린애가 되는 할부지

빈둥빈둥 삼시 세끼 행복한 밥상
설거지도 해주고
쓰레기통 주섬주섬 챙기고
청소기도 돌리면
삼 식이 밥상에 비할 바 못 되지만
그래도
마음이 편할 것 같은 배려

어떤 사람은 삼 식이라고 투덜댄다는데

당신은 고마운 사람

당신의 밥상은 언제나 꿀맛

시집밑천

하얀 두루마기에
하얀 고무신
허리춤엔 두둑한 전대를 차고
대문을 나서는 할아버지

눈에 드는 송아지
재산목록 만들어
작은고모 시집밑천 하시겠다며
이놈 저놈 둘러보신다

복스러운 암송아지
음 메~ 음 메~
막걸리 두어 잔에 홍조를 띄우시고
목줄 잡고 돌아오시는
할아버지

나설 때마다
촐랑촐랑 따라나서는 복순이가
식구 하나 생겼다고
꼬리 치며 반겨준다

후회

근심 걱정 없는
머나먼 천국에서 만나자고
먼저 떠난 사람

거리는 멀어도 마음은 가까운 곳
별들도 슬퍼하며 머물던 그곳

기적소리 애달픈 소리 귓전을 스치는데
까맣게 타들어 간 가슴으로
스며드는 공허함

해맑던 꽃님은 눈동자에서 맴돌고
구름처럼 떠나버린
바람 막 못한 아쉬움만 남아

보듬지 못한 후회
젖어 드는 눈시울에 눈물만 주르르
가슴을 적신다

그나마 다행

앞산의 어릴 적 그림은
휑하니 초라하기 그지없었다
팔십 년이 지난 앞산은
우람한 기둥에 오색 물결 넘실거리는
화선지를 꽉 채웠다

사계절은 그대로인데
세월은 자연을 살찌우게 하고
인생은 하루가 멀다고
악역을 연출하는 영화의 한 흐름인 것 같다

젊은 날의 화려함과 기쁨은
번창하는 자연 앞에 모두 내주고
힘없이 좁아지는 무력함
백 년을 살 것처럼 조바심하더니
한쪽으로 밀려난 자리

정치니 주식이니 잡동사니 신경 쓰지 않아도
아늑한 혼자만의 안식처

하늘에 맡긴 삶이거니
눈치 볼 필요 없고 힘도 없지만
떠밀려가는 요양원보다
한쪽 구석이 그나마 좋다

할아버이 이야기

언제부터인지는 모르지만
할멈은 할아범 할아범하고 부르다가
할아버이로 바뀌었다
일흔 나이 훨씬 지나서
할멈은 안방 차지
할아버이는 옆방으로 새 둥지를 틀었다

할멈은 홀가분해서 좋다 하고
할아버이는 밖으로 쫓겨난 듯 서운하기도 했지만
에라~
나도 홀가분해서 좋다
발로 걷어차기도 하고
코골이 한다고 코를 비틀기도 하고
할멈은 짜증 날만도 했지

잠도 안 오고 허전하기도 하고
할멈 방문을 살짝 열어보니
세상모르고 곤히 자고 있었다
슬그머니 손을 밀어 넣었더니

냅다 손등을 내려치면서
할아버이 잠 좀 잡시다 하면서 토라 눕는다

할멈도 잠자리가 허전했는지
잠이 안 왔던 모양이다
방문을 닫고 돌아서는 할아버이는
그로부터
바라만 볼 뿐 열지는 않았다

할아버지의 겨울나기

고향마을 초가집
봄소식은 아직도 멀고
지난여름 그 많던 토종벌 어디로 가고
덩그러니 빈 통만 서 있네

이른 아침 까치 한 마리
말라비틀어진 홍시 쪼아대고
바스락바스락 다람쥐
감춰둔 알밤 잽싸게 물고 달아나네

시골 마을
일찍 해 넘어 어둠 깃든 밤
할아버지 콜록콜록 겨울 감기 달고 사시네

머리맡에 동치미 한 그릇
문지방 옆엔 요강 하나
궁 불 땐 아랫목은 따끈따끈
할아버지 고단하신가 보다
금방 코 고는 소리

제4부

꼰대 세대 젊은 세대

꼰대 세대 이십 대면
장가갈 나이
선보고 연애하면 십중팔구 갔었지
마흔이 코앞인데
가겠다는 건지 안 가겠다는 건지
알 수가 없네

어르고 벼르고 선보자 해도
듣는 둥 마는 둥 속이 터지네
내 맘대로 안 되는 게
자식 놈인데
자식 이긴 부모 어디 보았소?

세상살이 살아감은 매한가진데
꼰대 세대 부모 말씀
감히 거역 못 했는데
젊은 세대 바른말 설득하려면
케케묵은
옛날얘기 하지 마이소

소리 없는 전쟁

총소리 대포 소리에 전쟁이 난 줄 알았습니다
보따리 이고 지고 남으로 남으로 피난 가는 걸 보고
전쟁이 난 줄 알았습니다

총소리 대포 소리 들리지 않아도
피난 가지 않아도 전쟁이 났다고 합니다
형체도 없는 코로나 전쟁

피난 가서 나돌아다니기도 하고
피고 지는 꽃도 보고
지저귀는 새 소리도 들었건만

진달래꽃이 피었는지
철쭉꽃이 피었는지
계곡물에 발 담가본 지가 언제인지
집에만 있으라고 합니다

하늘마저 뿌옇고
황사는 콧등을 실룩거리게 하고

한여름 삼복더위에도 마스크 쓰고 다니라고 합니다

하양 검정 마스크에
너나없이 그 얼굴이 그 얼굴
긴가민가 헷갈리던 친구의 얼굴

아~ 상큼한 공기
파란 하늘 촘촘히 박혀 속삭이는 별
그 은하수 별빛이 그립습니다

즐거워야 할 설날이

그땐 마음이 들떠있었지
차례상 지내는 건
아버지 하는 대로 따라 할 뿐이고
세뱃돈 얼마나 받을까?
그게 제일 궁금했었지

할아버지 할머니
아버지 어머니
큰아버지 작은아버지
세뱃돈 차곡차곡 보물창고에 숨겨두고

만둣국 먹고 햇살 퍼지면
동네 어르신 세뱃돈
나올 만한 집만 찾아다녔지

다리품 팔고 나면
무거운 발걸음
시원찮은 세뱃돈
부른 배만 움켜쥐고 뒷간만 들락거렸지

아! 옛날이여~
철모르던 그 시절이 그립구나

보도듣도 못한 코로나란 놈이 나타나
즐거워야 할 설날이
걱정스레 설날로 바뀌고

두 늙은이 소파에 걸터앉아
손자 녀석 세뱃돈
봉투만 매만지고 있다

*신축년 설날에

오천 원의 양심

조명등 밝힌 초저녁
서대전공원 오천 보 걷기운동 마치고
음식 특화 거리 골목 지날 때
와자지껄 희희낙락
삼삼오오 느린 발걸음들

비집고 지나갈 수 없어
거리 두고 가는데
긴가민가 오천 원짜리가 눈에 번쩍

꺾어진 골목길
조명등 아래 펴보니 분명 오천 원짜리가 맞다
아이스크림을 살까
참외 한 봉 다리 살까

누가 흘렸을까
납작하게 두 번 접힌 걸 보면
아주머니 손지갑에서 빠진 것 같기도 하고
어린아이가 흘린 것 같기도 하고

마음이 편치 않다

핸드폰 지갑에 비상금
오만원권 사이에 살며시 끼워 넣었다
있는 듯 없는 듯
오만원권에 묻혀 지나갔다

갈바람 불던 초가을
시장바닥은 오가는 사람으로 붐비고
트로트 노래 틀어놓고
고무 바지 질질 끌며 애원하는 저 몸부림
핸드폰에 끼워뒀던 오천 원
살며시 놓고 돌아섰다

마음에 거울

거울을 들여다 본다
이목구비 반듯한 가식 없는 얼굴이다

가까이 들여다 본다
가식 없는 얼굴이 웃고 있다
웃는 얼굴이 변하더니 비웃음으로 바뀐다
그러다가 일그러진다

더 가까이 들여다 본다
일그러진 얼굴이 굳어진다
굳어진 얼굴이 변하더니 미움으로 바뀐다
그러다가 정색을 한다

좀 더 가까이 들여다 본다
정색한 얼굴이 인상 쓰고 있다
인상 쓴 얼굴이 변하더니 막말로 이어진다
그러다가 돌아선다

아주 자세히 들여다 본다

돌아선 얼굴엔 어두운 그림자
어두운 얼굴이 변하더니 후회의 한숨 소리
그러다가 꼭 잡은 두 손

한번 왔다 가는 인생
누구나 한 번쯤은 겪었을 인생사
비우고 배려하는 마음은
아름다운 꽃길이어라

마음만은 남달랐네

이 세상 태어나
엄마 품에 눈 맞추며
중얼중얼 옹알이에 애지중지 사랑받았지
너도나도

부자 부모 만난 너도
가난 부모 만난 나도
먹고 자고 입는 건 매한가지
마음만은 남달랐네

최고학벌 박사 되고
산업전선 사원 되고
빈부격차 심하지만 살아가긴 매한가지
마음만은 남달랐네

칠순 팔순 되고 보니
가진 너도 못 가진 나도
배운 너도 못 배운 나도
바라는 건 오직 건강뿐

지팡이에 의지한 너도
두 다리 멀쩡한 나도
빈손으로 가는 건 매한가지
마음만은 남달랐네

저수지

새싹이 돋아나는 이른 봄
찰랑찰랑 배가 부른 저수지는 한가롭게 그림을 그리고 있네요
앞에 보이는 산세 좋고 아름다운 경치를 어쩌면 똑같이 그렸을까?
거기에 흰 구름이 두둥실 떠다니고
백로가 우아하게 날개를 펴고
햇살이 반사되어 물결은 더욱 반짝입니다
저~쪽 낮은 편엔 동네 꼬마들이 빈 낚싯대만 오르내리고
한가로움도 잠시
찌는 듯이 더위는 어김없이 찾아 왔습니다

배가 점점 홀쭉해지고 있네요
저 아랫동네 새내기들이 목이 마른 가봅니다
내 배가 불러야 모두 편하다고 하네요
이젠 목이 마릅니다
나무뿌리가 드러나고 피부도 거북이 등처럼 갈라지기 시작하네요
비를 내려주세요

저~ 아랫동네 메마르고 갈라지고 아우성치는 목소리 들리지 않습니까

지성이면 감천이라 하늘은 무심하지 않은가 봅니다
먹구름이 몰려오면서 세차게 내리쏟는 빗줄기
비는 여러 날 동안 내렸다 멈췄다 반복하면서
온 세상을 깨끗이 씻어 주었습니다
하늘은 맑고 흰 구름은 두둥실 떠다니고
저~아랫동넨 메마르고 갈라진 피부가 모두 아물고
싱그러움이 춤을 추고 있네요
흔적도 없이 사라졌던 산세 좋고 아름다운 경치가
서서히 모습을 드러내고 있네요
오랜만에 나는
예전처럼 한가롭게 그림을 그리고 있습니다

늦가을 산하

태어날 때부터 초록에 지쳐서일 게다
저마다 본색을 드러내고 싶었을 게다
층층 암벽 오색 물결 수놓고 자랑하고 싶었을 게다

화려한 이웃마다 우정을 다독여놓고
수놓은 산하는 미래를 약속하며
고난의 길도 함께 가자고 했을 거다

바윗돌에 뿌리박고 서 있는 단풍나무
하늘을 가린 그늘 속에서 겨우 지탱하는 더부살이들
노란 손수건 흔들고 서 있는 은행나무
모두 제 방식대로 누리며 살아갈 거다

멀고 먼 여정의 끝자락
차디찬 바람에 오한을 느꼈는가
계곡마다 쌓이는 흐느낌
다가올 된서리 눈보라의 아픔을 떠올리는가 보다

지그재그 독사는 겨울잠 자러 틈새를 찾고

바지람 떠는 다람쥐는 양 볼이 불룩하고
풀벌레 울음소리만 처량하다

유난히도 붉은 물감은 아직도 정열을 불태우고
노랑 물감은 손 흔들며 우정을 속삭이고
갈색 물감은 행복했다고 먼저 날개를 접고
초록 물감은 독불장군처럼 지켜만 보고 있다

낙엽 밟는 소리

낙엽 밟는 인생 열차 떠난다
꼬불꼬불 우거진 오솔길
울퉁불퉁 삐져나온 돌담길
햇살 쏟아지는 널따란 은행나무길

사각사각 낙엽 밟는 소리
첫사랑 순이와 사랑 노래 부르는 소리
발끝 스치는 소리
이별에 아픔 흐느끼는 소리

바람에 흩날리는 소리
잡지 못한 아쉬움의 한숨 소리
겹겹이 싸여 꿈틀대는 소리
희로애락 눈 녹듯 잊혀가는 소리

인생 열차 황혼 역에 머물다가
양쪽 바퀴 고장 나면
등 떠밀려온 요양원은
인생 열차 마지막 종착역

어르신들의 말싸움

웃음으로 위장하고
입만 열면 그럴 듯
행동거지 알 수 없고
너도나도 넘어가네

내가 하면 로맨스요
남이 하면 불륜이라
힘없을 땐 발목 잡고
힘세더니 목줄 잡네

예우는 최고 대우
실력은 고만고만
밥그릇은 잘 챙기고
궂은일은 미적미적

말싸움은 끝이 없고
회의 내내 결과 없고
언제까지 이어질까?
이젠 제발 멈추시길

가을빛 그리움

옷깃을 여미고 쓸쓸히 걷는 오솔길
파란 하늘 두둥실 뭉게구름처럼
속마음 터놓고 이야기 나눌 수 있는
그런 사람이 옆에 있으면 좋겠다

바둥바둥 매달린 빛바랜 나뭇잎보다
밟히면 아픈 줄 알면서도 내려올 줄 아는
때깔 좋은 단풍잎 같은
그런 사람이 옆에 있으면 좋겠다

저녁놀에 물든 황홀한 빛의 향연
가슴속에 듬뿍 담아
사랑 노래 이별 노래 함께 부를 수 있는
그런 사람이 옆에 있으면 좋겠다

슬픔도 괴로움도
이제껏 잘 견뎠다고 웃으며 말할 수 있는
몽돌 같은 억새 같은
그런 사람도 옆에 있으면 좋겠다

가을빛 그리움 햇살 받으며
불편했던 사람 멀어졌던 사람
뭉게구름처럼 떠돌다가 만나게 되면
미안하다 고맙다
그 말 한마디 전하고 싶다

겨울 낭만

삼백육십오일 사계절
유난히도 겨울을 좋아하는 사람들
눈보라 칼바람에 얼굴만 빼꼼
고드름수염 달고
푹푹 빠지는 눈 속을 터벅터벅 걷는다

아랑곳없는 추위에
등허리는 끈적끈적
발걸음은 무거워도
날아갈 듯 뻥 뚫린 부푼 가슴

생각조차 할 수 없던 옛 시절
검정 고무신에 떨어야 했고
아궁이에 손바닥 쬐고
아랫목 이불속으로 쏙 밀어 넣기도 했다

세월이 약이던가
좋은 세상 만나 취미생활로 즐기고
멋쟁이 색색 옷에

발 닿는 곳이라면 어디라도

시원하게 뚫린 스키장마다 활강하는
남녀노소
한없이 밝은 미소로
눈밭을 뒹굴고 있다

겨울 연가

겨울비 내리는 터미널
허전한 맘 갈까 말까 망설이다
생각 없이 올랐다

창밖엔 수없이 지나가는 차량들
어딘가에 타고 있을
어쩌면 같은 방향으로 갈지도 모른다는 어리석은 착각

가슴에 멍든 무너진 사랑
이십 대 젊은 나이
노량 앞바다는 짙은 안개로 자욱했었다

갈매기는 여전히 날고
뱃고동 소리 푸른 바다는 그대로인데
가슴은 헛헛한 마음

지난 추억 소주잔에 흠뻑 부어
뱃고동 따라
눈물바다로 점점 점점이 흩어진다

취했노라 잊었노라!
잘 있거라 노량항
어디서라도 행복하소서

인생 8부 능선

어서 빨리
어른이 되고 싶을 때가 있었지
일 년이 길다고 느낄 때도 있었다
세월은
사계절만 싸고돌며 그대로인데
넘어지던
주저앉던
인생은 알아서 가라 하네

생사 갈림길이 많이 정해지는 8부 능선
한고비 넘기면 정상이 보이는데
여길 넘기가 어렵구나

기진맥진
정상에 올라서서 먼바다를 바라보니
여객선 타고 끝까지 가보고 싶은
욕심 살아나네

가다가 힘들고 지치면

작은 섬 하나 잠시 쉬었다 가지

철석거리는 파도 소리에 갈매기 벗 삼아
갈 곳 잃은 텅 빈 가슴
부서진 고동처럼
파도 따라 갈가나

인생무상

보드라운 닭가슴살 같은
뽀얀 우윳빛 같은
부모님이 주신 사랑의 선물

사람이 아름다운 건
사랑이 있기 때문이란다
삶의 뒤안길에선
모르는 일들이 벌어지고 있었다

망가지는 줄도 모르고
미워하고
시기하고
절제하지 못하는 우리네 인생사

윤리에 맞게 산다는 것이
그리 쉬운 일은 아니었나 보다

거울 앞에 조목조목 뜯어보니
진 모습 어렴풋하고

골 깊은 주름에
검버섯 도장만 멋대로 찍어놨구나

된서리 낙엽 되어
빈손으로 가는 친구들
오늘도 스마트폰 카톡 문자엔
장례식장 특실 1호

거짓말 같은 현실

억척스럽고 야무지고
팔 광도 팔아주고 쌍피도 팔아주는
승부 욕이 대단한 강인한 친구
두 주먹 불끈 쥐면
지렁이가 꿈틀대듯
시퍼런 힘줄이 돋아나던 건강한 친구
당뇨도 혈압도 정상이라 당당했던
백수 할 것 같던 친구

새벽녘 카톡 소리에 부고 문자
장례식장 특실 1호

거짓말처럼 믿을 수 없는 현실
흔치 않은 남다른 인연이기에
너의 재치있는 덕담
맞장구쳐주는 도우미
두 번째 가라면 서러울 의리의 사나이
더는 들을 수도 볼 수도 없구나

아무도 알 수 없는 순서
다만
조금 빨리 조금 늦게 갈 뿐

여기까지 왔는데

알 수는 없지만
어디까지 흘러갈까
잔잔한 물결에 기대어도 보고
바윗돌에도 부딪쳐보고
굽이굽이 돌아
이제야 너른 길 들어섰네

허리인들 편했을까
손발인들 편했을까
근심 걱정 달아 놓고 이제야 찾은 꿈
달콤한 향기 가슴에 품는다

시계 초침 소리
심장 뛰는 소리
껑충껑충 곁 너머 달려가는 마라톤 선수처럼
숨 가쁘게 달려온 세월
자신만만했던 몸은
석양에 노을빛

울창한 숲이 부르고
출렁대는 바다가 손짓을 해도
마음만은 그럴진데
몸은 고무줄에 묶였네

지금

그땐 정말 바빴어
오줌 싸고 내려다볼 새도 없었지
노후 준비는 생각조차 못 했고
그날그날 직장 다니는 것만으로도 감사했지
여행은 꿈도 못 꾸고
일요일에도 격주로 근무를 해야만 했어
공휴일은 말할 것도 없고

덕분에 팔순에 접어든 지금
가장 행복한 시간을 보내고 있다

자식들 모두 분가시키고
노부부는 하고 싶은 거 맘대로 하고
아침저녁으론 공원 산책하고
TV도 보다가 졸리면 자고
먹고 싶은 거 있으면 먹고
갑자기 생각나면 시원한 바닷가로 드라이브도 하고
백화점 가서 쇼핑도 하고
시간 나면 영화도 한 편 보고

이렇게 행복한 지금 한 가지 바랄 것이 있다면
건강하게 살다가 살그머니 가는 것
그게 마지막 바람이지
대신해 줄 수 없는 것이 건강이요
그래서 노부부는 서로 감싸주고 지켜주고
마지막 인생행로를 꽃밭 가꾸듯 잘 가꾸어야 해
곱게 물든 황홀한 저녁노을처럼
우리도 함께 익어가자구요

요즘 인생 백세시대라고는 하지만
가까운 지인은 벌써 산에 가서 잠자고 있고
병원에 누워있는 지인들도 수두룩하지
두 다리 멀쩡히 걸을 수 있고
가고 싶은데 마음대로 갈 수 있는
지금이 가장 좋다

그러려니

눈보라 휘날리고
태풍이 몰아쳐도
파란 옷을 걸친 소나무도 있고
발가벗은 떡갈나무도 있다

봄을 재촉하는 등성이마다
걸친 놈이나
벗은 놈이나
때 되면 새 옷으로 갈아입듯이

우리네 인생도
저와 같아 타고난 성격은 다르지만
생각을 모으면
같은 결과 이루듯

헐뜯지 말고
미워하지 말고
실눈 감듯
그러려니 하고 살아갑시다

하얀 세상

두꺼운 잠바에 목도리 휘두르고
장갑 낀 두 손으로
얼굴을 감싼 맹추위 날씨였다

해 떨어지자
가슴을 헤집고 들어오는 오한
별들도 사라진 잔뜩 찌푸린 밤하늘

아침 햇살에 커튼을 열자
창밖은 하얀 세상으로 변해있었다

눈밭을 뒹굴고 싶은
동심의 세계로 빠져들고 싶은
날아갈 듯한 기분

정화되어야 할 높은 자리 어르신들
하얀 마음 담아
자그마한 눈사람 만들어
베란다 창가에 올려놓아야겠다

행복한 나라로

안개꽃처럼 잔잔한
장미꽃처럼 향기롭고
매화꽃처럼 강인한
그럴듯한 이목구비 앞세워
행동거지 예의범절
법 없이도 살 것처럼
겉모습은 화려하고
이웃마다 생글생글
만나는 사람마다 깍듯한 인사

높은 의자 앉고 보니
우쭐하는 마음
소원성취 희희낙락 들뜨고
눈치 보며 따라가는 내키지 않는 마음
독버섯 같은 마음 싹트고
핏대 세우며 다그치는 목소리로
자화자찬 얼굴 알리려 애쓰는
높은 자리 어르신들

잘난 척 해봤자 그중에 몇 사람뿐
국민 생각 안중 없고
목줄 맡긴 줄에 얽매인 채
행동거지 예의범절
법 없이도 살 것 같던
굳은 의지 어디 가고
나락으로 떨어지는 한숨 소리

네 탓 내 탓 따지지 말고
국민을 위한 올바른 정치
법 앞엔 모두 평등 잘사는 나라
행복한 나라로

조국을 위하여

주르륵주르륵
처마 밑으로 쏟아지는 빗물 소리에
생각에 잠겼던 세월의 시간들이
심장을 거쳐 하늘로 솟구친다

바람 앞에 대처해야 할 나약한 촛불처럼
난공불락 상황에서
정의로운 인재와 함께
쇳물에 녹여 날카로운 창칼이 되고 싶다

글 좀 안다는 인간들이
민주주의가 어떻고
자유민주주의가 어떤지
구분 못 하고 날뛰는 저 꼬락서니들

정도를 버리고 얄팍한 수를 써서 뒤집어 버리겠다는
티끌만큼 양심도 없는 인간들아
대세를 따르고 정도를 따르라

금수강산 무궁화 꽃 피우고
백두산 태극기 휘날리는 그 날까지
모두 모두 함께 일어나자

이든시인선 150

푸른 솔 층층마다

ⓒ 사공환, 2024

발행일	2024년 12월 16일
지은이	사공환
발행인	이영옥
펴 낸 곳	도서출판 이든북
출판등록	제2001-000003호
주　　소	대전광역시 동구 중앙로 193번길 73
전화번호	(042)222-2536	팩스(042)222-2530
전자우편	eden-book@daum.net
카　　페	https://cafe.daum.net/eden-book
공 급 처	한국출판협동조합
	전화 (02)716-5616　(031)944-8234~6

ISBN 979-11-6701-324-8 (03810)
값 11,000원

* 이 책의 판권은 지은이와 이든북에 있습니다.
* 이 책 내용의 전부 또는 일부를 재사용하려면 반드시 양측에 서면 동의를 받아야 합니다.